Theo von Taane

Passwort Logbuch für Minecraft Fans

- Das Passwortbuch -

Dieses Buch gehört
Name, Vorname:
Strasse / Nr.:
Plz / Ort:
Tele / Handy:
eMail.:
Bemerkung.:

KEIN OFFIZIELLES MINECRAFT-PRODUKT. NICHT VON MOJANG GENEHMIGT ODER MIT MOJANG VERBUNDEN.

---

*Bibliografische Information der Deutschen Nationalbibliothek:
Die Deutsche Nationalbibliothek verzeichnet diese Publikation in d Deutschen Nationalbibliografie; detaillierte bibliografische Daten sind i Internet über http://dnb.dnb.de abrufbar.*

Herstellung und Verlag: BoD – Books on Demand, Norderstedt

ISBN: 9783743163928

TITEL:

INTERNETSEITE:

LOGIN / BENUTZER:

PASSWORT /PIN:

NOTIZEN / SICHERHEITSFRAGE / HINWEIS:

TITEL:

INTERNETSEITE:

LOGIN / BENUTZER:

PASSWORT /PIN:

NOTIZEN / SICHERHEITSFRAGE / HINWEIS:

TITEL:

INTERNETSEITE:

LOGIN / BENUTZER:

PASSWORT /PIN:

NOTIZEN / SICHERHEITSFRAGE / HINWEIS:

Titel:

Internetseite:

Login / Benutzer:

Passwort /PIN:

Notizen / Sicherheitsfrage / Hinweis:

Titel:

Internetseite:

Login / Benutzer:

Passwort /PIN:

Notizen / Sicherheitsfrage / Hinweis:

Titel:

Internetseite:

Login / Benutzer:

Passwort /PIN:

Notizen / Sicherheitsfrage / Hinweis:

TITEL:

INTERNETSEITE:

LOGIN / BENUTZER:

PASSWORT /PIN:

NOTIZEN / SICHERHEITSFRAGE / HINWEIS:

TITEL:

INTERNETSEITE:

LOGIN / BENUTZER:

PASSWORT /PIN:

NOTIZEN / SICHERHEITSFRAGE / HINWEIS:

TITEL:

INTERNETSEITE:

LOGIN / BENUTZER:

PASSWORT /PIN:

NOTIZEN / SICHERHEITSFRAGE / HINWEIS:

TITEL:
INTERNETSEITE:
LOGIN / BENUTZER:
PASSWORT /PIN:
NOTIZEN / SICHERHEITSFRAGE / HINWEIS:

TITEL:
INTERNETSEITE:
LOGIN / BENUTZER:
PASSWORT /PIN:
NOTIZEN / SICHERHEITSFRAGE / HINWEIS:

TITEL:
INTERNETSEITE:
LOGIN / BENUTZER:
PASSWORT /PIN:
NOTIZEN / SICHERHEITSFRAGE / HINWEIS:

TITEL:

INTERNETSEITE:

LOGIN / BENUTZER:

PASSWORT /PIN:

NOTIZEN / SICHERHEITSFRAGE / HINWEIS:

TITEL:

INTERNETSEITE:

LOGIN / BENUTZER:

PASSWORT /PIN:

NOTIZEN / SICHERHEITSFRAGE / HINWEIS:

TITEL:

INTERNETSEITE:

LOGIN / BENUTZER:

PASSWORT /PIN:

NOTIZEN / SICHERHEITSFRAGE / HINWEIS:

Titel:

Internetseite:

Login / Benutzer:

Passwort /PIN:

Notizen / Sicherheitsfrage / Hinweis:

Titel:

Internetseite:

Login / Benutzer:

Passwort /PIN:

Notizen / Sicherheitsfrage / Hinweis:

Titel:

Internetseite:

Login / Benutzer:

Passwort /PIN:

Notizen / Sicherheitsfrage / Hinweis:

Titel:
Internetseite:
Login / Benutzer:
Passwort /PIN:
Notizen / Sicherheitsfrage / Hinweis:

Titel:
Internetseite:
Login / Benutzer:
Passwort /PIN:
Notizen / Sicherheitsfrage / Hinweis:

Titel:
Internetseite:
Login / Benutzer:
Passwort /PIN:
Notizen / Sicherheitsfrage / Hinweis:

TITEL:
INTERNETSEITE:
LOGIN / BENUTZER:
PASSWORT /PIN:
NOTIZEN / SICHERHEITSFRAGE / HINWEIS:

TITEL:
INTERNETSEITE:
LOGIN / BENUTZER:
PASSWORT /PIN:
NOTIZEN / SICHERHEITSFRAGE / HINWEIS:

TITEL:
INTERNETSEITE:
LOGIN / BENUTZER:
PASSWORT /PIN:
NOTIZEN / SICHERHEITSFRAGE / HINWEIS:

Titel:

Internetseite:

Login / Benutzer:

Passwort /PIN:

Notizen / Sicherheitsfrage / Hinweis:

Titel:

Internetseite:

Login / Benutzer:

Passwort /PIN:

Notizen / Sicherheitsfrage / Hinweis:

Titel:

Internetseite:

Login / Benutzer:

Passwort /PIN:

Notizen / Sicherheitsfrage / Hinweis:

TITEL:

INTERNETSEITE:

LOGIN / BENUTZER:

PASSWORT /PIN:

NOTIZEN / SICHERHEITSFRAGE / HINWEIS:

TITEL:

INTERNETSEITE:

LOGIN / BENUTZER:

PASSWORT /PIN:

NOTIZEN / SICHERHEITSFRAGE / HINWEIS:

TITEL:

INTERNETSEITE:

LOGIN / BENUTZER:

PASSWORT /PIN:

NOTIZEN / SICHERHEITSFRAGE / HINWEIS:

TITEL:
INTERNETSEITE:
LOGIN / BENUTZER:
PASSWORT /PIN:
NOTIZEN / SICHERHEITSFRAGE / HINWEIS:

TITEL:
INTERNETSEITE:
LOGIN / BENUTZER:
PASSWORT /PIN:
NOTIZEN / SICHERHEITSFRAGE / HINWEIS:

TITEL:
INTERNETSEITE:
LOGIN / BENUTZER:
PASSWORT /PIN:
NOTIZEN / SICHERHEITSFRAGE / HINWEIS:

TITEL:

INTERNETSEITE:

LOGIN / BENUTZER:

PASSWORT /PIN:

NOTIZEN / SICHERHEITSFRAGE / HINWEIS:

TITEL:

INTERNETSEITE:

LOGIN / BENUTZER:

PASSWORT /PIN:

NOTIZEN / SICHERHEITSFRAGE / HINWEIS:

TITEL:

INTERNETSEITE:

LOGIN / BENUTZER:

PASSWORT /PIN:

NOTIZEN / SICHERHEITSFRAGE / HINWEIS:

Titel:

Internetseite:

Login / Benutzer:

Passwort /PIN:

Notizen / Sicherheitsfrage / Hinweis:

Titel:

Internetseite:

Login / Benutzer:

Passwort /PIN:

Notizen / Sicherheitsfrage / Hinweis:

Titel:

Internetseite:

Login / Benutzer:

Passwort /PIN:

Notizen / Sicherheitsfrage / Hinweis:

TITEL:

INTERNETSEITE:

LOGIN / BENUTZER:

PASSWORT /PIN:

NOTIZEN / SICHERHEITSFRAGE / HINWEIS:

TITEL:

INTERNETSEITE:

LOGIN / BENUTZER:

PASSWORT /PIN:

NOTIZEN / SICHERHEITSFRAGE / HINWEIS:

TITEL:

INTERNETSEITE:

LOGIN / BENUTZER:

PASSWORT /PIN:

NOTIZEN / SICHERHEITSFRAGE / HINWEIS:

TITEL:

INTERNETSEITE:

LOGIN / BENUTZER:

PASSWORT /PIN:

NOTIZEN / SICHERHEITSFRAGE / HINWEIS:

TITEL:

INTERNETSEITE:

LOGIN / BENUTZER:

PASSWORT /PIN:

NOTIZEN / SICHERHEITSFRAGE / HINWEIS:

TITEL:

INTERNETSEITE:

LOGIN / BENUTZER:

PASSWORT /PIN:

NOTIZEN / SICHERHEITSFRAGE / HINWEIS:

Titel:

Internetseite:

Login / Benutzer:

Passwort /PIN:

Notizen / Sicherheitsfrage / Hinweis:

Titel:

Internetseite:

Login / Benutzer:

Passwort /PIN:

Notizen / Sicherheitsfrage / Hinweis:

Titel:

Internetseite:

Login / Benutzer:

Passwort /PIN:

Notizen / Sicherheitsfrage / Hinweis:

TITEL:

INTERNETSEITE:

LOGIN / BENUTZER:

PASSWORT /PIN:

NOTIZEN / SICHERHEITSFRAGE / HINWEIS:

TITEL:

INTERNETSEITE:

LOGIN / BENUTZER:

PASSWORT /PIN:

NOTIZEN / SICHERHEITSFRAGE / HINWEIS:

TITEL:

INTERNETSEITE:

LOGIN / BENUTZER:

PASSWORT /PIN:

NOTIZEN / SICHERHEITSFRAGE / HINWEIS:

TITEL:

INTERNETSEITE:

LOGIN / BENUTZER:

PASSWORT /PIN:

NOTIZEN / SICHERHEITSFRAGE / HINWEIS:

TITEL:

INTERNETSEITE:

LOGIN / BENUTZER:

PASSWORT /PIN:

NOTIZEN / SICHERHEITSFRAGE / HINWEIS:

TITEL:

INTERNETSEITE:

LOGIN / BENUTZER:

PASSWORT /PIN:

NOTIZEN / SICHERHEITSFRAGE / HINWEIS:

Titel:
Internetseite:
Login / Benutzer:
Passwort /PIN:
Notizen / Sicherheitsfrage / Hinweis:

Titel:
Internetseite:
Login / Benutzer:
Passwort /PIN:
Notizen / Sicherheitsfrage / Hinweis:

Titel:
Internetseite:
Login / Benutzer:
Passwort /PIN:
Notizen / Sicherheitsfrage / Hinweis:

Titel:

Internetseite:

Login / Benutzer:

Passwort /PIN:

Notizen / Sicherheitsfrage / Hinweis:

Titel:

Internetseite:

Login / Benutzer:

Passwort /PIN:

Notizen / Sicherheitsfrage / Hinweis:

Titel:

Internetseite:

Login / Benutzer:

Passwort /PIN:

Notizen / Sicherheitsfrage / Hinweis:

Titel:

Internetseite:

Login / Benutzer:

Passwort /PIN:

Notizen / Sicherheitsfrage / Hinweis:

Titel:

Internetseite:

Login / Benutzer:

Passwort /PIN:

Notizen / Sicherheitsfrage / Hinweis:

Titel:

Internetseite:

Login / Benutzer:

Passwort /PIN:

Notizen / Sicherheitsfrage / Hinweis:

Titel:
Internetseite:
Login / Benutzer:
Passwort /PIN:
Notizen / Sicherheitsfrage / Hinweis:

Titel:
Internetseite:
Login / Benutzer:
Passwort /PIN:
Notizen / Sicherheitsfrage / Hinweis:

Titel:
Internetseite:
Login / Benutzer:
Passwort /PIN:
Notizen / Sicherheitsfrage / Hinweis:

Titel:
Internetseite:
Login / Benutzer:
Passwort /PIN:
Notizen / Sicherheitsfrage / Hinweis:

Titel:
Internetseite:
Login / Benutzer:
Passwort /PIN:
Notizen / Sicherheitsfrage / Hinweis:

Titel:
Internetseite:
Login / Benutzer:
Passwort /PIN:
Notizen / Sicherheitsfrage / Hinweis:

TITEL:

INTERNETSEITE:

LOGIN / BENUTZER:

PASSWORT /PIN:

NOTIZEN / SICHERHEITSFRAGE / HINWEIS:

TITEL:

INTERNETSEITE:

LOGIN / BENUTZER:

PASSWORT /PIN:

NOTIZEN / SICHERHEITSFRAGE / HINWEIS:

TITEL:

INTERNETSEITE:

LOGIN / BENUTZER:

PASSWORT /PIN:

NOTIZEN / SICHERHEITSFRAGE / HINWEIS:

Titel:
Internetseite:
Login / Benutzer:
Passwort /PIN:
Notizen / Sicherheitsfrage / Hinweis:

Titel:
Internetseite:
Login / Benutzer:
Passwort /PIN:
Notizen / Sicherheitsfrage / Hinweis:

Titel:
Internetseite:
Login / Benutzer:
Passwort /PIN:
Notizen / Sicherheitsfrage / Hinweis:

Titel:
Internetseite:
Login / Benutzer:
Passwort /PIN:
Notizen / Sicherheitsfrage / Hinweis:

Titel:
Internetseite:
Login / Benutzer:
Passwort /PIN:
Notizen / Sicherheitsfrage / Hinweis:

Titel:
Internetseite:
Login / Benutzer:
Passwort /PIN:
Notizen / Sicherheitsfrage / Hinweis:

Titel:

Internetseite:

Login / Benutzer:

Passwort /PIN:

Notizen / Sicherheitsfrage / Hinweis:

Titel:

Internetseite:

Login / Benutzer:

Passwort /PIN:

Notizen / Sicherheitsfrage / Hinweis:

Titel:

Internetseite:

Login / Benutzer:

Passwort /PIN:

Notizen / Sicherheitsfrage / Hinweis:

Titel:

Internetseite:

Login / Benutzer:

Passwort /PIN:

Notizen / Sicherheitsfrage / Hinweis:

Titel:

Internetseite:

Login / Benutzer:

Passwort /PIN:

Notizen / Sicherheitsfrage / Hinweis:

Titel:

Internetseite:

Login / Benutzer:

Passwort /PIN:

Notizen / Sicherheitsfrage / Hinweis:

Titel:

Internetseite:

Login / Benutzer:

Passwort /PIN:

Notizen / Sicherheitsfrage / Hinweis:

Titel:

Internetseite:

Login / Benutzer:

Passwort /PIN:

Notizen / Sicherheitsfrage / Hinweis:

Titel:

Internetseite:

Login / Benutzer:

Passwort /PIN:

Notizen / Sicherheitsfrage / Hinweis:

Titel:

Internetseite:

Login / Benutzer:

Passwort /PIN:

Notizen / Sicherheitsfrage / Hinweis:

Titel:

Internetseite:

Login / Benutzer:

Passwort /PIN:

Notizen / Sicherheitsfrage / Hinweis:

Titel:

Internetseite:

Login / Benutzer:

Passwort /PIN:

Notizen / Sicherheitsfrage / Hinweis:

Titel:
Internetseite:
Login / Benutzer:
Passwort /PIN:
Notizen / Sicherheitsfrage / Hinweis:

Titel:
Internetseite:
Login / Benutzer:
Passwort /PIN:
Notizen / Sicherheitsfrage / Hinweis:

Titel:
Internetseite:
Login / Benutzer:
Passwort /PIN:
Notizen / Sicherheitsfrage / Hinweis:

Titel:

Internetseite:

Login / Benutzer:

Passwort /PIN:

Notizen / Sicherheitsfrage / Hinweis:

Titel:

Internetseite:

Login / Benutzer:

Passwort /PIN:

Notizen / Sicherheitsfrage / Hinweis:

Titel:

Internetseite:

Login / Benutzer:

Passwort /PIN:

Notizen / Sicherheitsfrage / Hinweis:

TITEL:

INTERNETSEITE:

LOGIN / BENUTZER:

PASSWORT /PIN:

NOTIZEN / SICHERHEITSFRAGE / HINWEIS:

TITEL:

INTERNETSEITE:

LOGIN / BENUTZER:

PASSWORT /PIN:

NOTIZEN / SICHERHEITSFRAGE / HINWEIS:

TITEL:

INTERNETSEITE:

LOGIN / BENUTZER:

PASSWORT /PIN:

NOTIZEN / SICHERHEITSFRAGE / HINWEIS:

TITEL:
INTERNETSEITE:
LOGIN / BENUTZER:
PASSWORT /PIN:
NOTIZEN / SICHERHEITSFRAGE / HINWEIS:

TITEL:
INTERNETSEITE:
LOGIN / BENUTZER:
PASSWORT /PIN:
NOTIZEN / SICHERHEITSFRAGE / HINWEIS:

TITEL:
INTERNETSEITE:
LOGIN / BENUTZER:
PASSWORT /PIN:
NOTIZEN / SICHERHEITSFRAGE / HINWEIS:

Titel:

Internetseite:

Login / Benutzer:

Passwort /PIN:

Notizen / Sicherheitsfrage / Hinweis:

Titel:

Internetseite:

Login / Benutzer:

Passwort /PIN:

Notizen / Sicherheitsfrage / Hinweis:

Titel:

Internetseite:

Login / Benutzer:

Passwort /PIN:

Notizen / Sicherheitsfrage / Hinweis:

Titel:

Internetseite:

Login / Benutzer:

Passwort /PIN:

Notizen / Sicherheitsfrage / Hinweis:

Titel:

Internetseite:

Login / Benutzer:

Passwort /PIN:

Notizen / Sicherheitsfrage / Hinweis:

Titel:

Internetseite:

Login / Benutzer:

Passwort /PIN:

Notizen / Sicherheitsfrage / Hinweis:

TITEL:

INTERNETSEITE:

LOGIN / BENUTZER:

PASSWORT /PIN:

NOTIZEN / SICHERHEITSFRAGE / HINWEIS:

TITEL:

INTERNETSEITE:

LOGIN / BENUTZER:

PASSWORT /PIN:

NOTIZEN / SICHERHEITSFRAGE / HINWEIS:

TITEL:

INTERNETSEITE:

LOGIN / BENUTZER:

PASSWORT /PIN:

NOTIZEN / SICHERHEITSFRAGE / HINWEIS:

TITEL:
INTERNETSEITE:
LOGIN / BENUTZER:
PASSWORT /PIN:
NOTIZEN / SICHERHEITSFRAGE / HINWEIS:

TITEL:
INTERNETSEITE:
LOGIN / BENUTZER:
PASSWORT /PIN:
NOTIZEN / SICHERHEITSFRAGE / HINWEIS:

TITEL:
INTERNETSEITE:
LOGIN / BENUTZER:
PASSWORT /PIN:
NOTIZEN / SICHERHEITSFRAGE / HINWEIS:

Titel:

Internetseite:

Login / Benutzer:

Passwort /PIN:

Notizen / Sicherheitsfrage / Hinweis:

Titel:

Internetseite:

Login / Benutzer:

Passwort /PIN:

Notizen / Sicherheitsfrage / Hinweis:

Titel:

Internetseite:

Login / Benutzer:

Passwort /PIN:

Notizen / Sicherheitsfrage / Hinweis:

TITEL:

INTERNETSEITE:

LOGIN / BENUTZER:

PASSWORT /PIN:

NOTIZEN / SICHERHEITSFRAGE / HINWEIS:

TITEL:

INTERNETSEITE:

LOGIN / BENUTZER:

PASSWORT /PIN:

NOTIZEN / SICHERHEITSFRAGE / HINWEIS:

TITEL:

INTERNETSEITE:

LOGIN / BENUTZER:

PASSWORT /PIN:

NOTIZEN / SICHERHEITSFRAGE / HINWEIS:

Titel:

Internetseite:

Login / Benutzer:

Passwort /PIN:

Notizen / Sicherheitsfrage / Hinweis:

Titel:

Internetseite:

Login / Benutzer:

Passwort /PIN:

Notizen / Sicherheitsfrage / Hinweis:

Titel:

Internetseite:

Login / Benutzer:

Passwort /PIN:

Notizen / Sicherheitsfrage / Hinweis:

Titel:

Internetseite:

Login / Benutzer:

Passwort /PIN:

Notizen / Sicherheitsfrage / Hinweis:

Titel:

Internetseite:

Login / Benutzer:

Passwort /PIN:

Notizen / Sicherheitsfrage / Hinweis:

Titel:

Internetseite:

Login / Benutzer:

Passwort /PIN:

Notizen / Sicherheitsfrage / Hinweis:

TITEL:

INTERNETSEITE:

LOGIN / BENUTZER:

PASSWORT /PIN:

NOTIZEN / SICHERHEITSFRAGE / HINWEIS:

TITEL:

INTERNETSEITE:

LOGIN / BENUTZER:

PASSWORT /PIN:

NOTIZEN / SICHERHEITSFRAGE / HINWEIS:

TITEL:

INTERNETSEITE:

LOGIN / BENUTZER:

PASSWORT /PIN:

NOTIZEN / SICHERHEITSFRAGE / HINWEIS:

Titel:

Internetseite:

Login / Benutzer:

Passwort /PIN:

Notizen / Sicherheitsfrage / Hinweis:

Titel:

Internetseite:

Login / Benutzer:

Passwort /PIN:

Notizen / Sicherheitsfrage / Hinweis:

Titel:

Internetseite:

Login / Benutzer:

Passwort /PIN:

Notizen / Sicherheitsfrage / Hinweis:

Titel:

Internetseite:

Login / Benutzer:

Passwort /PIN:

Notizen / Sicherheitsfrage / Hinweis:

Titel:

Internetseite:

Login / Benutzer:

Passwort /PIN:

Notizen / Sicherheitsfrage / Hinweis:

Titel:

Internetseite:

Login / Benutzer:

Passwort /PIN:

Notizen / Sicherheitsfrage / Hinweis:

Titel:

Internetseite:

Login / Benutzer:

Passwort /PIN:

Notizen / Sicherheitsfrage / Hinweis:

Titel:

Internetseite:

Login / Benutzer:

Passwort /PIN:

Notizen / Sicherheitsfrage / Hinweis:

Titel:

Internetseite:

Login / Benutzer:

Passwort /PIN:

Notizen / Sicherheitsfrage / Hinweis:

Titel:
Internetseite:
Login / Benutzer:
Passwort /PIN:
Notizen / Sicherheitsfrage / Hinweis:

Titel:
Internetseite:
Login / Benutzer:
Passwort /PIN:
Notizen / Sicherheitsfrage / Hinweis:

Titel:
Internetseite:
Login / Benutzer:
Passwort /PIN:
Notizen / Sicherheitsfrage / Hinweis:

Titel:
Internetseite:
Login / Benutzer:
Passwort /PIN:
Notizen / Sicherheitsfrage / Hinweis:

Titel:
Internetseite:
Login / Benutzer:
Passwort /PIN:
Notizen / Sicherheitsfrage / Hinweis:

Titel:
Internetseite:
Login / Benutzer:
Passwort /PIN:
Notizen / Sicherheitsfrage / Hinweis:

Titel:

Internetseite:

Login / Benutzer:

Passwort /PIN:

Notizen / Sicherheitsfrage / Hinweis:

Titel:

Internetseite:

Login / Benutzer:

Passwort /PIN:

Notizen / Sicherheitsfrage / Hinweis:

Titel:

Internetseite:

Login / Benutzer:

Passwort /PIN:

Notizen / Sicherheitsfrage / Hinweis:

Titel:

Internetseite:

Login / Benutzer:

Passwort /PIN:

Notizen / Sicherheitsfrage / Hinweis:

Titel:

Internetseite:

Login / Benutzer:

Passwort /PIN:

Notizen / Sicherheitsfrage / Hinweis:

Titel:

Internetseite:

Login / Benutzer:

Passwort /PIN:

Notizen / Sicherheitsfrage / Hinweis:

Titel: Email (Privat):
eMail Srrver Typ:
Server (incoming):
Server (outgoing):
Login / benutzer:
Passwort /PIN:

Titel: Email (Beruf):
eMail Srrver Typ:
Server (incoming):
Server (outgoing):
Login / benutzer:
Passwort /PIN:

Titel: Internet Service Provider (ISP) Support
Name ISP:
Internetadresse ISP:
Kundennummer:
Hotline Kundenservice:
Email Kundenservice:
Internetadresse Kundenservice:

Titel: Email (Privat):
eMail Srrver Typ:
Server (incoming):
Server (outgoing):
Login / benutzer:
Passwort /PIN:

Titel: Email (Beruf):
eMail Srrver Typ:
Server (incoming):
Server (outgoing):
Login / benutzer:
Passwort /PIN:

Titel: Internet Service Provider (ISP) Support
Name ISP:
Internetadresse ISP:
Kundennummer:
Hotline Kundenservice:
Email Kundenservice:
Internetadresse Kundenservice:

Titel: breitband Modem	Titel: Einstellungen WLAN
Modell:	Host name:
Serien nr.:	Domain name:
Mac Adresse:	Subnet Mask:
URL/IP Admin:	gateway:
IP WAN:	DNS (Primary):
Login/Benutzer:	DNS (Secondary):
Passwort:	

Titel: Router / Wireless Access Point
Modell:
Serien nummer:
Fabrikeinstellung Admin IP:
Fabrikeinstellung benutzername:
Fabrikeinstellung Passwort:
benutzerdefinierte Admin URL /IP:
Benutzerdefinierter benutzername:
Benutzerdefiniertes Passwort:

Titel: Wireless-LAN
SSID / Name WLAN netzwerk:
Sicherheitstyp:
Verschlüsselungstyp:
Shared key (WPA):
Hinweis (Passphrase WEP):

Titel: breitband Modem	Titel: Einstellungen WLAN
Modell:	Host name:
Serien nr.:	Domain name:
Mac Adresse:	Subnet Mask:
URL/IP Admin:	gateway:
IP WAN:	DNS (Primary):
Login/Benutzer:	DNS (Secondary):
Passwort:	

Titel: Router / Wireless Access Point
Modell:
Serien nummer:
Fabrikeinstellung Admin IP:
Fabrikeinstellung benutzername:
Fabrikeinstellung Passwort:
benutzerdefinierte Admin URL /IP:
Benutzerdefinierter benutzername:
Benutzerdefiniertes Passwort:

Titel: Wireless-LAN
SSID / Name WLAN netzwerk:
Sicherheitstyp:
Verschlüsselungstyp:
Shared key (WPA):
Hinweis (Passphrase WEP):

Notizen:

Notizen:

NOTIZEN:

Weitere Bücher von Theo von Taane:

Titel	Alter	ISBN
Funcraft - Mathe Ausmalbuch für Minecraft Fans	6-10	9783739229744
Funcraft - Mathe Ausmalbuch Minecraft Minis	6-10	9783743180017
Funcraft - Mathe Ausmalbuch: Superhelden im Minecraft Skir	6-10	9783743180192
Funcraft - Das Witzebuch für Minecraft Fans	8-14	9783743153691
Funcraft - Noch mehr Witze für Minecraft Fans	8-14	9783743153707
Funcraft - LOL Witze für Minecraft Fans	8-14	9783743153714
Funcraft - Super Witze für Minecraft Fans	8-14	9783743179387
Funcraft - Das Rätselbuch für Minecraft Fans	8-14	9783743153646
Funcraft - Noch mehr Rätsel für Minecraft Fans	8-14	9783743180123
Funcraft - Buchspiele für Minecraft Fans	8-14	9783743153608
Funcraft - Das Quizbuch für Minecraft Fans	8-14	9783743153196
Funcraft - Noch mehr Quizfragen für Minecraft Fans	8-14	9783743153226
Funcraft - Das Rekordebuch für Minecraft Fans	8-14	9783741263507
Funcraft - Das Hausaufgabenbuch für Minecraft Fans	8-14	9783743152922
Funcraft - Aufstand in Germanien (Ein Minecraft inspirierter Roman)	12-99	9783743180130
Funcraft - Eiszeitjäger: Auf der Fährte des Löwen (Ein Minecraft ir	12-99	9783741207211
Funcraft - Das Notizbuch für Minecraft Fans	6-99	9783743153455
Funcraft - Enderdragon Notizbuch (kariert) für Minecraft Fans	6-99	9783743153387
Funcraft - Frohes Neues Jahr an alle Minecraft Fans! (Notizbuch)	6-99	9783741292125
Funcraft - Fröhliche Weihnachten an alle Minecraft Fans! (Noti	6-99	9783741292156
Pokemon GO - Das Witzebuch	8-14	9783741267147
Pokemon GO - Das Quizbuch	8-14	9783741267161
Pokemon GO - Team Rot (Notizbuch)	6-99	9783741286070
Pokemon GO - Team Gelb (Notizbuch)	6-99	9783741286049
Pokemon GO - Team Blau (Notizbuch)	6-99	9783741286063
Pokemon GO - Pikachu (Notizbuch)	6-99	9783741286087

Von Theo von Taane gibt es weit mehr als 200 Witzebücher, Notizbücher, Romane, Spiele, Tools, Sportbücher und Kalender.

Im Store einfach mal nach „Taane" suchen.

Viel Spaß!

www.ingramcontent.com/pod-product-compliance
Ingram Content Group UK Ltd.
Pitfield, Milton Keynes, MK11 3LW, UK
UKHW021644190726
13853UKWH00001B/49

9 783743 163928